# ÉTUDE

SUR

# LOUIS GAUDEFROY,

Médecin à Orléans en 1657,

Par le Docteur CHARPIGNON, (Louis Joseph Jules)

Médecin des Prisons,
de Dispensaires de bienfaisance, de Sociétés de secours mutuels d'Orléans,
Lauréat de l'Académie de Médecine,
Membre des Sociétés scientifiques et médicales d'Orléans, Paris, Marseille,
Versailles, Bologne,

SUIVIE DE

## CONSIDÉRATIONS SUR LA MÉDECINE & LES MÉDECINS

## au XVIIe Siècle,

Par le Docteur ARQUÉ, (Alexis-Emile)

Médecin chef de service des Hôpitaux d.Orléans,
Chevalier de la Légion-d'Honneur,
Membre de la Société d'Agriculture, Sciences, Belles-Lettres et Arts d'Orléans,
Membre de l'Académie de Sainte-Croix.

---

ORLÉANS,

IMPRIMERIE DE PUGET ET Cie, RUE VIEILLE-POTERIE, 9.

—

1874.

# MÉMOIRES

DE LA

## SOCIÉTÉ D'AGRICULTURE, SCIENCES, BELLES-LETTRES ET ARTS D'ORLÉANS.

# NOTICE

SUR

# LOUIS GAUDEFROY,

Médecin à Orléans, de 1657 à 1725,

Par le D<sup>r</sup> CHARPIGNON.

*Séance du 6 février.*

En parcourant le catalogue des manuscrits de la bibliothèque d'Orléans, publié en 1820 par A. Septier, bibliothécaire, chanoine de la cathédrale et membre de la Société des sciences d'Orléans, mon attention s'arrêta sur trois numéros ainsi mentionnés :

N° 241. — *Æsculapius cum suo prodomo, seu medicina speculativa et pratica, item medicina recondita.* 1 vol in-fol., 1,020 p.

(Louis Godefroy, médecin à Orléans où il est mort le 3 novembre 1722, est auteur des ouvrages contenus dans ce volume autographe.)

N° 246. — *Etrusca disciplina.* 1 vol. in-8°, 435 p.

(Manuscrit de Godefroy, médecin à Orléans, contenant plusieurs pièces de cet homme laborieux. La première partie est un traité sur l'astrologie et sur les horoscopes qu'on peut tirer d'après les éclipses et les changements qui peuvent survenir dans l'atmosphère.)

N° 362. — Œuvres de M. Godefroy. 4 vol. in-folio.
(Le 1er vol. contient des caractères hiéroglyphiques; des portraits des philosophes, de quelques divinités païennes, de religieux chinois et des pères de l'Eglise ; une notice des principaux médecins arabes, des antiquités et médailles de Rhodes, de l'Egypte, de l'Arabie, de la Sicile ; un traité des principes des éléments ; un des papillons; il est terminé par les antiquités de l'île de Ténédos. Les trois autres renferment des traités sur la minéralogie, les serpents, les poissons et les oiseaux.)

Ayant examiné chacun de ces volumes, je fus impressionné par le travail considérable auquel l'auteur s'était livré, et j'éprouvai un sentiment d'estime pour l'homme laborieux qui avait écrit ces six volumes dont l'écriture était toujours correcte, et dont le texte était accompagné de nombreux dessins presque toujours bien faits et souvent ornés de couleurs encore vives, après plus de deux siècles.

Je voulus connaître ce vénérable confrère, et savoir ce qu'était la médecine à Orléans, il y a 200 ans. Il ne fallait pas qu'un médecin de 1874 se montrât moins patient qu'un de ses confrères de 1657, aussi je lus courageusement les œuvres de Louis Gaudefroy, presque toutes écrites en latin.

Tout d'abord, que peut-on savoir de Louis Gaudefroy ?

Sur les manuscrits que j'avais sous les yeux, leur auteur avait écrit : *Ludovicus Gaudefroy, doctor medicus Aurelianus*; d'autre part le registre d'inscriptions des médecins agrégés au Collège de médecine d'Orléans, registre qui est encore aux archives de la Société des sciences d'Orléans, porte cette mention écrite par Gaudefroy lui-même : *Ludovicus Gaudefroy, Aurelius, die Januarii decimo quinto, anno Domini nostri Jesu Christi millesimo sexentesimo quinquagesimo septimo.*

Louis Gaudefroy était donc Orléanais, et fut agrégé en 1657 au collége de médecine de sa ville.

Très-probablement il était fils d'un de ces deux marchands dont le registre des inscriptions funéraires de l'ancien grand cimetière (n° 462. Manuscrit de la Bibliothèque) a conservé les épitaphes ainsi conçues : « Louis Gaudefroy, marchand à Orléans, décédé le 17 juin 1679.

« Laurent Gaudefroy, marchand à Orléans, décédé le 3 octobre 1631. »

Ses études littéraires, philosophiques et scientifiques furent complètes, brillantes et sérieuses, comme le prouvent les six volumes, presque tout entiers écrits en latin avec de nombreuses citations des grands poëtes de l'antiquité. Cette parfaite connaissance des langues grecque et latine était du reste chose ordinaire pour tous ceux qui fréquentaient alors les Universités.

Gaudefroy étudia sans doute la médecine à Orléans, mais y prit-il son grade de docteur? Orléans était une des dix-huit Facultés qui conféraient le grade de docteur en médecine. Cette prérogative est établie par les registres du Collége de médecine qui relatent les édits, lettres patentes, ordonnances accordant aux médecins les droits et priviléges attribués à l'Université fondée à Orléans dès 1305 par le pape Clément V et par le roi Philippe-le-Bel. De plus, l'exercice de la médecine était interdit à Orléans, même aux docteurs d'une autre Faculté, s'ils n'avaient subi un examen devant le Collége qui, alors, admettait le nouveau médecin comme agrégé (1). Aussi presque tous les médecins inscrits sur la liste des membres du Collége, font

---

(1) « ..... Ordonnons et statuons, voulons et nous plaît que nul ne puisse à l'avenir pratiquer en médecine en ladite ville d'Orléans et ressort d'icelle, qu'il ne soit docteur en ladite Faculté, et n'ait informé le doyen et docteurs d'icelle, pratiquant à présent en ladite ville, ou leurs successeurs en icelle, de son degré de promotion, afin d'avoir approbation de sa suffisance et capacité, si mieux n'aiment ceux qui voudraient pratiquer, subir l'examen en public desdits doyens et docteurs.

« Donné à Paris, le 26 octobre 1582, et de notre règne le neuvième.

« HENRI. »

suivre leur nom de la Faculté où ils ont reçu leur diplôme. En lisant donc après *Ludovicus Gaudefroy* la qualification d'*Aurelius* sans autre désignation, on peut l'interpréter comme s'appliquant au lieu de naissance plutôt qu'au mot *medicus* qui fait défaut. Je suis d'autant plus porté à croire que Gaudefroy a omis d'inscrire la Faculté à laquelle il appartenait que mes souvenirs me représentent parfaitement une grande feuille sur laquelle un Gaudefroy demandait au Collége de médecine d'Orléans, l'autorisation de se présenter à l'agrégation. Cette pièce s'était offerte à mes yeux, lorsqu'en 1865 je faisais des recherches dans les archives départementales, et quand cette année je voulus la revoir, pour ce travail, il m'a été impossible de la retrouver; cependant je ne suis pas certain si cette demande d'agrégation n'était pas celle d'un autre Gaudefroy ayant prénom de Jacques, et qu'on trouve inscrit au registre d'agrégés avec cette mention : *Jacobus Gaudefroy, Aurelius, doctor medicus andegavensis, aggregatus 1675 maii*. Ces deux Gaudefroy étaient sans doute parents.

Louis Gaudefroy dont j'esquisse la biographie exerça la médecine à Orléans depuis 1657 jusqu'en 1725. Il a donc fourni une carrière médicale de 68 ans; et si nous le faisons recevoir docteur à 25 ans au moins, selon l'art. 9 des statuts de l'ancienne Faculté de Paris, il serait mort à 93 ans, sinon plus âgé.

Malgré cette longue pratique de la médecine et malgré les titres qui nous sembleraient avoir dû recommander Louis Gaudefroy à l'attention d'un biographe presque contemporain, nous ne le voyons pas sur la liste des médecins dont Beauvais de Préau, autre médecin orléanais, a fait suivre ses *Essais historiques sur Orléans*, publiés en 1788.

On trouve bien de 1650 à 1720 : Marin Crostête, François Landrey, Samuel Gaudré, Guillaume Guillemeau, Vauloué, Pommereau, Fédé, Gendron, curé de Voves, Blondeau,

Deshayes-Gendron, mais point de Gaudefroy. Serait-ce parce que L. Gaudefroy plus méditatif qu'ardent à la clientèle et plus avide de science que d'honneurs, faisait assez peu de sensation à Orléans? Mais le temps fait rentrer dans le néant bien des réputations surfaites et il dissipe bien des vaines gloires. Si certains de ses contemporains ont brillé plus que lui, tout est fini pour ces médecins, rien ne reste d'eux, tandis que les œuvres de Louis Gaudefroy demeurent non-seulement comme un témoignage d'un esprit élevé, philosophique et laborieux, mais encore comme une source où la science peut puiser, au point de vue historique, d'intéressants et utiles détails.

Les œuvres d'un homme d'étude, c'est le recueil de ses méditations sur les secrets de la nature; et un cœur droit qui cultive la science approche toujours de la vérité. La science n'est-elle pas l'ensemble des lois par lesquelles Dieu se manifeste? et chercher à connaître, n'est-ce pas approcher de la Divinité?

Louis Gaudefroy appartenait à cette classe d'esprits pour lesquels le travail est un besoin autant qu'une jouissance. Ils accumulent les résultats de leurs recherches sans penser à les communiquer; ils sont les conservateurs de la science et contrebalancent les hardiesses des novateurs et les propagandes parfois trop hâtives des vulgarisateurs.

Les écrits que Gaudefroy a produits sont restés manuscrits. Cet homme, laborieux et profondément savant, faisait de la science pour lui, et pourtant le cadre si complet de ses études sur la nature et sur l'homme physique et moral, la clarté et la simplicité de son style, la richesse de son érudition, le bon jugement de sa médecine pratique, montrent que dans son temps, il eût rendu des services pour l'enseignement. Le silence dont Gaudefroy enveloppa ses travaux peut expliquer celui que les biographes ont gardé sur lui-même; et sans le don que sa famille fit de ses manuscrits à la bibliothèque des Bénédictins, le temps les eût sans doute détruits. On lit en effet sur le 2ᵉ volume de ses *Œuvres :* « Le présent manuscrit composé par M. L. Gaudefroy, docteur-médecin, a été donné à la bibliothèque publique en 1725 par les enfants de l'auteur. » Cette date est également mentionnée au manuscrit n° 467 de la bibliothèque d'Orléans, devant le nom de Louis Gaudefroy, comme étant celle de sa mort. Le catalogue des manuscrits publié par Septier, a donc commis une erreur en faisant mourir Louis Gaudefroy le 3 novembre 1722. En voici d'ailleurs la preuve authentique. Voulant avoir le plus de détails possibles sur l'homme que j'étudiais, je recherchai son acte de décès parmi les registres des paroisses déposés à l'état-civil. Je fus fort surpris de lire ce qui suit au registre des décès de la paroisse de *Saint-Pierre-Ensentelé :* « Le vendredi 3 novembre 1722 a été inhumé dans cette église, le corps de maître Jacques Godefroy, docteur en médecine, décédé du jour précédent, à l'âge de 58 ans, après avoir reçu les sacrements de pénitence, d'eucharistie et d'extrême-onction... Fait en présence des parents soussignés. Louis Gaudefroy, Gaudefroy, Sarrebrousse, de Coymon. »

Ainsi l'auteur des manuscrits que nous examinons n'était pas mort en 1722, c'est Jacques, cet autre médecin qui figure avec Louis sur les registres du Collége de médecine.

En juillet 1724, Louis Gaudefroy apposait encore sa signature sur le registre des baptêmes de la paroisse de Saint-Eloi, en qualité de parrain. Cette particularité s'est offerte à mes yeux, lorsque je compulsais les registres des paroisses pour trouver la date exacte de son décès. Louis Gaudefroy avait alors environ 92 ans, et il devait jouir d'une bonne santé, car, à cet âge, pour aller faire acte de parrain et signer ses noms d'une écriture aussi ferme que correcte, il fallait vraiment être un vert vieillard. Gaudefroy, du reste, devait croire vivre très-âgé, car dans son *Traité de médecine*, il écrivait un chapitre sur les moyens de prolonger la vie, et pour montrer que l'homme pouvait passer cent ans, et même qu'arrivé près de cet âge, ses organes éprouvaient une sorte de régénération qui ramenait quelques effets de la jeunesse, parmi les exemples de longévité qu'il rapporte, il cite celui d'un M. Peigné, d'Orléans, qui, malade à 96 ans, fut saigné *trois fois* et devint aveugle, mais ne mourut qu'à cent ans moins six mois.

Les détails qui précèdent nous ont fait connaître quelques-uns des principaux traits de la vie de Louis Gaudefroy; nous allons maintenant jeter un coup d'œil sur ses travaux.

I. — **Œuvres de M. Gaudefroy**, 4 vol. in-f°.

Aujourd'hui que l'enseignement des sciences a acquis un développement si complet, l'aspirant au doctorat en médecine a toutes facilités pour étudier la physique, la chimie et l'histoire naturelle. Mais il en était autrement il y a deux cents ans. Les sciences naturelles n'avaient encore eu ni Buffon, ni Cuvier, ni Linné, ni Volta, ni Jussieu; aussi les connaissances que l'étudiant devait acquérir étaient bien imparfaites et les éléments étaient difficiles à réunir.

Les quatre volumes ayant pour titre : *Œuvres de M. Gaudefroy*, sont le recueil des recherches et des études auxquelles il a dû se livrer pour connaître ce qu'on appelle aujourd'hui l'histoire naturelle, et qu'il décore du nom d'Isis, puissance mystérieuse dont il a peine à enlever le voile, selon ses expressions.

On est assez surpris de rencontrer à côté des diverses branches de l'histoire naturelle, des sujets de géographie et d'histoire, comme sur l'île de Rhodes dont on regarde curieusement le plan et les médailles; ou bien, ce sont des cartes de l'Egypte, de Thèbes, d'Alexandrie; des hiéroglyphes relevés sur des monuments et des sarcophages, ou encore, ce sont des dessins des médailles de Sicile accompagnés de détails historiques; puis c'est le plan et l'histoire de Carthage; puis de minutieux détails sur la cour romaine en 1658. On trouve ensuite 120 proverbes, texte grec avec traduction latine et française. Ce curieux fragment de littérature grecque a été donné à Gaudefroy par un P. jésuite qui l'avait rapporté de la Grèce même.

Puis 67 maximes écrites en arabe et traduites en français. Gaudefroy connaissait cette langue qu'il avait étudiée pour lire les œuvres des médecins arabes. Du reste, il était polyglotte, car il connaissait encore l'hébreu, le chaldéen, le persan.

Ces choses diverses se rattachent à l'Orient qui a toujours attiré les esprits doués du sentiment de l'art et de l'idéal. C'est bien de l'Orient, en effet, que l'Europe a reçu les arts, la science, la philosophie, et c'est encore ces mystérieuses contrées que le savant de nos jours va interroger pour dégager complétement l'antique Isis de son voile symbolique.

Ces ébauches qui sont comme l'introduction à des études plus sérieuses, montrent que Gaudefroy était sensible aux voix de la nature et qu'il avait le sentiment de l'artiste joint à l'intelligence du savant et au caractère du philosophe.

Ses études en philosophie avaient été complètes, comme le démontrent les dissertations auxquelles il se livre sur « les forces intimes de la nature », sur l'âme et le double dynamisme de l'homme, sur les esprits et sur leur influence dans les maladies. On voit qu'il avait étudié tous les philosophes de l'antiquité et les pères de l'Eglise; il est familier avec la philosophie scolastique et avec celle de Descartes, alors toute nouvelle. On comprend l'impression profonde que son esprit avait reçue de ces méditations en voyant, à côté des réflexions qu'il a écrites, le sportraits de Pythagore, Socrate, Platon, Diogène, Hérodote, Archimède, Euclide, Porphyre, Pline, Epicure, Origène, Tertullien, saint Bazile-le-Grand, saint Grégoire-de-Naziance, saint Cyrille, Eusèbe, Clément d'Alexandrie, saint Athanase..... tous dessinés à la plume.

Après les philosophes, Gaudefroy étudie les médecins arabes. Il analyse une vingtaine d'auteurs et accompagne chaque étude des principaux traits de la vie du médecin arabe dont il dessine le blason qu'il appelle cartouche; très-probablement il avait aussi reproduit leurs portraits, et des restes de pages lacérées font croire qu'ils ont été enlevés. C'est Aricenne, Redouan, Avenzoar, Averroès et plusieurs autres de ces savants qui, au temps de Gaudefroy, jouissaient encore d'une grande autorité, par suite des progrès qu'ils avaient déterminés en apportant à l'Europe les trésors de la science et de la littérature grecques, ainsi que leurs connaissances nombreuses et variées en chimie, en thérapeutique et en chirurgie.

En géologie, notre auteur avait adopté la théorie des Neptuniens, et il la trouvait rationnelle par suite de l'expérience suivante : « J'avais dissous, dit-il, du sel marin, du salpêtre et de l'alun ; ayant fait évaporer l'eau jusqu'à ce qu'il parut une petite peau au-dessus, j'exposai tout à l'air. Je vis un jour dans cette eau comme des nuages en plusieurs endroits, et regardant avec de bonnes lunettes, je remarquai que ces nuages n'étaient que des corpuscules qui s'agitaient les uns vers les autres. Quelques jours après, je ne vis plus de nuages, mais de beaux cristaux; là un sel cubique, là un long, ici un à facettes... Je crois que les montagnes se sont formées ainsi dès le commencement du monde. » Certes voilà quelque chose de bien simple, et si la vérité y eût été, on pourrait bien dire de cette expérience : *A minimis maxima!* Mais notre concitoyen n'était ni Galilée, ni Buffon.

La minéralogie que Gaudefroy appelle : Isis minérale, est étudiée avec soin. Des figures coloriées accompagnent la description d'un grand nombre de minéraux. Les propriétés médicinales et occultes sont nombreuses, mais trop ingénument inscrites. On sait combien les peuples orientaux de l'antiquité attribuaient de vertus à certaines pierres dont ils faisaient des talismans. Gaudefroy reproduit la citation de Dioscoride, laquelle se trouve aussi dans Pline : « La memphite qui est l'onyx de l'éphod ou la cornaline, prise en breuvage, ou étant broyée dans du vinaigre et appliquée sur les membres, les engourdit au point qu'on peut les couper sans douleur. »

Je doute qu'au temps de Gaudefroy un médecin osât tenter ce moyen d'anesthésie; mais alors on croyait encore assez aux propriétés occultes pour transcrire dans des traités sérieux tout ce que l'antiquité avait affirmé. Il est vrai qu'à côté des vertus curatives, soporifiques ou d'autre nature, attribuées à certaines pierres par les anciens, le moyen-âge avait ses talismans, et, qu'en conséquence, on était peu fondé à douter de la réalité des propriétés occultes admises par les anciens. En 1629, c'était, on peut dire, du temps de Gaudefroy, un petit livre contenait le passage suivant : « Des scélérats se fient à des secrets qu'ils ont de se rendre insensibles à *la gêne* (torture). Le premier que je reconnus se servir de ces sortes de charmes, nous surprit par sa constance qui était au-dessus de nature, car après la première serre de la gêne, il parut dormir aussi tranquillement que s'il eût été dans un bon lit, sans se lamenter, plaindre ni crier, et quand on eût continué la serre deux ou trois fois, il demeura immobile comme une statue, ce qui nous fit soupçonner qu'il était muni de quelque enchantement. Pour en être éclairci, on le fit dépouiller nu comme la main, et après une exacte recherche, on trouva un petit papier où était la figure des trois rois avec ces paroles : Belle étoile, qui as délivré les Mages de la persécution d'Hérode, délivre-moi de tout tourment. Ce papier était fourré dans son oreille gauche. (*Secrets de la magie*, in-12. Lyon 1629.) » Ainsi les Egyptiens obtenaient l'insensibilité avec une pierre, et les cabalistes du xvii$^e$ siècle l'obtenaient avec un morceau de papier ! Même croyance, même phénomène ! On croyait ! tout était là. Gaudefroy avait bien compris la cause véritable de ces influences occultes, car il dit : « Quand l'imagination est vive, la confiance en ces moyens occultes procure la guérison que souvent des remèdes pharmaceutiques n'ont pu procurer. » Depuis, la critique scientifique, les effets réels du magnétisme, ceux de l'hypnotisme et les hallucinations, ont éclairé la question si obscure et si controversée des sciences occultes ; le doute n'est plus permis sur la réalité de ces faits singuliers qu'un scepticisme exagéré rejetait comme impossibles. Il est aujourd'hui démontré que la plupart de ces phénomènes ont eu lieu, mais que leur cause n'était pas toujours celle que les anciens supposaient, et qu'elle consistait, le plus souvent, dans les facultés imaginatives des individus (1). Cette question faisant le sujet de l'*Etrusca disciplina* de Gaudefroy, j'aurai à y revenir.

(1) Pour comprendre cette loi physiologique, lisez : 1° Cours d'hypnotisme nerveux, par le D$^r$ Philips, 1860. — Etudes sur la médecine animique, par le D$^r$ Charpignon, 1864 (Germer-Baillère). — Du sommeil et des états analogues, par le D$^r$ Liébaut, 1866 (Masson). — On verra dans ces ouvrages comment l'Attention prolongée, la Méditation, une Idée fixe, peuvent troubler l'équilibre des fonctions du système nerveux, soustraire les sens à leurs excitants naturels, et

Après la minéralogie vient l'*Isis serpentine*. C'est l'étude des serpents et des batraciens ; toujours avec des dessins coloriés et des considérations médicinales.

Puis, c'est un traité sur les oiseaux, très-étendu, en latin, et accompagné de jolis dessins.

Enfin le quatrième volume est consacré à Thétis, l'Isis des eaux. Les poissons, les crustacés, les mollusques font l'objet de ce long travail, également remarquable par ses détails et ses figures.

Pour que l'étude de l'histoire naturelle écrite par Gaudefroy dans les quatre volumes que je viens d'analyser fût complète, il aurait fallu y trouver la botanique. — Or, il n'en est rien, aussi je suppose que notre laborieux et savant confrère a dû faire pour les plantes ce qu'il a fait pour les autres branches de l'histoire naturelle, et qu'il a dû composer un herbier qui aura été dispersé.

## II. — Ætrusca disciplina.
(Doctrine secrète des Etrusques.)

Très-versé dans la philosophie et la littérature grecques et latines, très au courant de la philosophie scolastique, conduit à l'examen par la nature de ses études, Louis Gaudefroy se trouva plus d'une fois aux prises avec les difficultés et les contradictions que les principes ou les faits de doctrines si diverses ne manquaient pas de susciter dans son intelligence. Mais il était d'un esprit trop honnête et trop droit pour, à l'exemple de tant d'autres, rester indifférent à la solution

---

déterminer une torpeur qui peut aller jusqu'à l'insensibilité. La fixité du regard et la frayeur paralysent la perdrix sous l'arrêt du chien ; l'oiseau est fasciné par le serpent; la poule reste sans mouvement devant une ligne de craie. Il en est de même chez les hommes très-impressionnables qui perdent la connaissance et la sensibilité par la fixation d'un objet ou d'une personne qu'ils croient capable de produire ces effets.

des questions de principes, ou pour les accepter sans contrôle. Aussi n'hésita-t-il pas à aborder l'étude de la philosophie et de la médecine occultes qui commençaient bien à tomber en discrédit, mais qui avaient joui d'une trop grande autorité quelques années seulement auparavant, pour ne pas avoir encore des partisans convaincus et puissants. Tel est assurément le motif qui lui fait étudier l'astrologie et la divination dans ce volume qu'il intitule : *Ætrusca disciplina*, c'est-à-dire la *Doctrine secrète des Étrusques*.

« Dès le temps de la République romaine, dit-il, les Etrusques pratiquaient les sciences occultes et leur doctrine était célèbre. » Ces lignes expliquent le titre de ce livre qui est un long exposé des nombreuses formes à l'aide desquelles tous les peuples ont pratiqué la divination. Les Assyriens, les Hébreux, les Grecs, les Latins, les temps modernes, tous les auteurs, lui fournissent des faits, des opinions, des doctrines, et quand après avoir groupé tous les faits, tous les raisonnements des philosophes, poëtes et historiens de l'antiquité, il a comme reconstitué la doctrine de la divination et de l'occultisme, il se trouve amené par l'imposante autorité de l'universalité des faits et l'accord d'auteurs étrangers l'un à l'autre, à dire : « *Omnes ne autores, omnes ne sapientes in hac deliraverunt ?* Est-ce que tous les auteurs, tous les philosophes ont erré sur cette question ? *Anne unica divinationis historia vera non est ?* Est-ce qu'il n'y a pas un seul fait de vrai ?... *Absurdum est hoc negare.* Il est absurde de le nier... *Simplicissimi ingenii omnia credere, sed temerarii ne dicam impudentissimi nihil omnino credere autores omnes insimulare stultitiæ ;* il est d'un esprit faible de tout croire, mais c'est être téméraire, pour ne pas dire très-impudent, que de ne rien croire et d'accuser tous les auteurs de folie. »

Ainsi Gaudefroy subjugué par les résultats de son enquête sur les sciences occultes, croit qu'il y a quelque chose de vrai dans les influences, dans les songes, dans les prophéties, dans les interventions des esprits. Et plus de 20 ans après, en 1681, quand il écrit son traité de médecine, il dit encore à propos des rapports que les esprits peuvent avoir avec l'homme : « Ils interviennent quelquefois, mais bien rarement (*rarissime*); puis tourmenté par sa raison, il ajoute : « *ferè unquàm*, presque jamais ! » En fin de compte, l'épigraphe qu'il a mise en tête de son livre, peint bien l'état de son esprit : « *Cum Catulo dicam : suus cuique attributus est error, sed non videmus manticæ quod in tergo est :* chacun peut se tromper, mais nous ne voyons pas ce qui est par derrière la besace. »

Pour apprécier l'opinion de Gaudefroy sur les sciences occultes, il faut se reporter à son *Liber singularis medicinæ reconditæ* qui est dans son traité de médecine. Il résume là les principes de la divination et des choses cabalistiques, et il est facile de voir que l'expérience a considérablement affaibli sa foi aux causes surnaturelles et à l'astrologie à laquelle il avait consacré de longues pages et de nombreuses figures dans son *Ætrusca disciplina*.

L'influence des astres sur la santé, sur le moral et la vie des hommes, celle des nombres, caractères, figures cabalistiques, celle des démons, l'action de certains parfums dans les conjurations et évocations, les possessions, toutes ces choses déjà examinées, le sont de nouveau, mais au moins, avec une certaine critique. Ainsi à propos de la puissance du regard, à l'appui de laquelle Borellus cite deux individus dont le regard était si perçant qu'ils usaient les verres de leurs lunettes, Gaudefroy dit : « Mais si le regard transperce le verre qui est si difficile à percer, pourquoi n'a-t-il pas cet effet sur les yeux des enfants et des petits agneaux ? »

En parlant des influences attribuées aux maléfices, il dit : « *Hoc anno 1682, vir qui se putabat ligatum* (noué de l'aiguillette), *meo consilio, nempè ut imaginationem imaginatione delerem, minxit per scopas, et feliciter posteà rem habuit cum uxore.* »

Quand il parle des possédés, il dit : « Si l'autorité des Saintes Ecritures et de l'Eglise ne me retenait, je rejetterais les possessions... il y a là des fraudeurs ou des malades. Traitons-les donc par les vomitifs, les purgatifs et aussi par la musique comme Saül, par les fumigations comme l'ange de Tobie qui brûla le foie du poisson. »

Aujourd'hui on ne comprend plus qu'un médecin, qu'un homme sérieux se soit livré à des recherches si étendues, à des études si consciencieuses sur des sujets semblables. Pour comprendre les attaches et les travaux des anciens ayant rapport à l'occultisme, il faut se souvenir que les sociétés, comme les individus, sont soumises à une loi d'évolution intellectuelle qui, de la crédulité et de la superstition, états psychiques propres à l'enfance, les conduit au doute, à l'examen et au raisonnement. Où sont en effet les divinités de l'Olympe ? Où sont les oracles et les augures qui faisaient partie de la religion d'Etat ? Où sont ces lutins, ces fées, ces démons qui, jusqu'au siècle dernier, accouraient à l'appel de l'homme ? Où est la foi en la cabale, en la sorcellerie, en l'astrologie, en la divination ? Et pourtant ces branches multiples de l'art occulte ont joui d'une puissance et d'un crédit tels qu'ils étaient des principes et des lois en vertu desquels, individus, princes et savants, réglaient leur conduite et leurs intérêts. De tout cela, il ne reste plus rien. Mais Gaudefroy vivait en 1650, et à cette époque les magistrats condamnaient encore au bûcher hommes, femmes et enfants, convaincus de maléfices ; les médecins déclaraient encore que certains actes, phénomènes ou signes, n'étaient pas de la nature humaine ; on consultait encore les astres pour certains événements de la vie. L'astrologue Morin retenu au palais, pendant l'accouchement d'Anne d'Autriche, avait tiré l'horoscope du prince ; les magiciens guérisseurs avaient encore une grande renommée. En 1672 même, le Parlement de Rouen adressait à Louis XIV une requête pour demander l'exécution d'un jugement qui condamnait au bûcher plusieurs sorciers, jugement que le Roi avait suspendu.

Cet état des esprits qui, éclairés par quelques écrits aussi judicieux que courageux, commençaient à douter, explique la direction des études auxquelles nous avons vu Louis Gaudefroy se livrer avec l'application consciencieuse d'une âme honnête qui croit de son devoir de chercher la vérité. Cette vérité, il a fini par l'entrevoir, car à la dernière page du livre que j'examine, on lit : « En 1681, j'ai écrit un livre sur la médecine astrologique, j'y réfute presque tout ce que j'ai dit ici. »

Et puis, à propos des effets obtenus dans les maladies par des objets ou par des conjurations magiques, il dit : « Je crois que ces paroles et moyens n'ont pas d'action par elles-mêmes, mais bien par l'imagination, plutôt que par l'effet d'un pacte avec le démon, comme le prétendent les théologiens. »

De même quand il parle de la doctrine que certains philosophes et alchimistes substituaient à celle des esprits, et qui était basée sur la fixation et condensation du fluide universel dans des compositions chimiques, Gaudefroy, tout en reconnaissant que les principes de la médecine qu'on appelait alors magnétique, étaient au moins naturels et scientifiques, expliquait les guérisons obtenues, par les forces naturelles du corps, « car, dit-il, on observe souvent dans les maladies internes et encore plus souvent dans les blessures, des guérisons par les forces naturelles du corps, sans qu'il soit besoin d'attribuer la cure aux poudres ou onguents sympathiques. »

En résumé, il paraît certain que les investigations auxquelles Gaudefroy s'était livré sur l'astrologie, la cabale, la divination et la médecine occulte, avaient abouti, non pas à rejeter les témoignages dont le nombre et l'autorité étaient trop considérables pour n'être tous que des illusions, mais à expliquer ces phénomènes par la puissance de l'imagination et par la nature médicatrice; conservant néanmoins sa foi à l'existence de l'âme et des esprits. Il est vrai que sa critique est bien timide et bien imparfaite, mais eût-il pu disposer des ressources que la science moderne possède aujourd'hui, je ne pense pas qu'il eût cessé d'être spiritualiste, car si la méthode scientifique a détruit bien des croyances, si la physiologie a expliqué toute une classe de phénomènes regardés à tort comme surnaturels, le spiritualisme reste toujours comme la doctrine qui contient les causes premières de la vie et qui peut en faire comprendre les évolutions et les manifestations.

### III. — Medicina speculativa et pratica.

(Médecine théorique et pratique.)

Ce volume n'a pas moins de 1,020 pages in-folio écrites aussi correctement que celles des cinq autres volumes, et également accompagnées de dessins à la plume reproduisant avec exactitude et une délicatesse d'exécution remarquable les différents organes. On y voit des dessins superposés et mobiles qui représentent bien les diverses coupes du cerveau, du cœur, de l'estomac; histoire de la médecine, anthropographie, pathologie, thérapeutique, puis plusieurs chapitres sur divers sujets : philosophie, médecine occulte, questions curieuses, tel est le plan qu'a suivi l'auteur qui a dû passer bien des jours pour le conduire à terme. Il me semble le voir ce laborieux Gaudefroy, couvert de son bonnet, enveloppé dans sa houppelande, penché sur ses cahiers, entouré de ses auteurs chéris et vénérés, ayant près de lui un cerveau, un cœur, un foie, un œil qu'il dissèque et qu'il dessine, lisant, méditant, écrivant à ses heures silencieuses, où, les archers du guet ayant barré les rues avec les chaînes, tout mouvement a cessé dans la ville. Noble et pieuse occupation que celle de l'homme qui cherche, comme le dit Gaudefroy « à arracher le voile d'Isis » pour faire servir au bien des autres les choses qu'il aura pu découvrir !

L'anatomie des organes, celle du cerveau et du cœur principalement, est traitée d'une manière remarquable. Gaudefroy se montre au courant des progrès tout récents que Willis, Bartholin, Stenon et plusieurs autres, venaient de faire faire à cette branche de la médecine. Il approuve son ami Stenon qui, venu de Copenhague, blâmait Thévenot d'avoir introduit dans l'anatomie du cerveau des noms impropres et obscènes, tels que *nates, anum, vulva, penes*. Il discute longuement avec Willis et Ducan sur les assertions de Descartes à propos du siége de l'âme. Elle est bien dans le cerveau, dit-il, mais elle n'est pas où M. Descartes la loge, son siége est incertain, de même que l'imagination n'est pas dans le corps calleux... qui l'a vue ?... » La mémoire n'est pas non plus dans les couches corticales comme le veut Ducan, car « j'ai connu un homme qui en en avait une grande, et dont la substance grise des circonvolutions était dure comme le squirrhe... » Ce passage contrarie singulièrement cet autre que j'extrais des *Recherches expérimentales sur le fonctionnement du cerveau, par le D$^r$ Fournier*, ouvrage publié en 1872, c'est-à-dire deux cents ans après l'écrit de Gaudefroy : « La perception distinguée est fournie par un élément cérébral qui a conservé la marque, la trace du travail que l'esprit a effectué jadis. Cet élément est représenté par les milliers de cellules qui sont disséminées à la périphérie corticale du cerveau et où elles constituent la couche de substance grise. Ces cellules ne perçoivent rien par elles-mêmes, elles représentent en puissance un mouvement dynamique qui seul est capable de réveiller dans les couches optiques, centre unique de perception, une perception distinguée de tout autre ou une notion acquise. Cette distinction nous donne la clef de l'explication de la mémoire... En résumé les cellules de la périphérie corticale conservent la possibilité de réveiller le centre de perception (couches optiques) en l'absence de tout objet impressionnant, pour donner naissance à des perceptions de souvenir. » Donc si les couches corticales du cerveau sont altérées de manière à ne plus fonctionner, elles ne peuvent plus solliciter les couches optiques, et la mémoire doit être abolie ; à moins que l'activité des couches optiques soit spontanée ou puisse être réveillée par d'autres parties cérébrales, double phénomène physiologique à prouver. Toutefois, l'observation de Gaudefroy est incomplète, et je ne l'ai rapportée que pour montrer la prudence avec laquelle les expérimentateurs en physiologie cérébrale doivent poser des conclusions.

L'anatomie du cœur est également traitée avec détails. La circulation est bien décrite et on ne trouve aucune allusion aux grandes disputes que cette découverte venait de soulever. A propos des contractions du cœur, Gaudefroy dit : « Ce n'est pas le sang qui fait contracter le cœur, ce mouvement est en lui-même, *motus ille systoles et diastoles, cordi proprius est. Cor canis junioris et carpionis extractum et sanguine destitutum sœpè per horæ semiquadrantem diastolem et systolem agit, id aliquando vidi.* »

C'est ainsi que les descriptions anatomiques de chaque organe sont accompagnées de réflexions, d'observations, d'expériences, ce qui permet de se faire une idée de l'état de la science à cette époque ainsi que des connaissances et des opinions de l'auteur. « Moi, dit-il, après avoir étudié la médecine hermétique, astrologique, traditionnelle, d'observation, je suis pour la médecine rationnelle. » En effet, après l'avoir vu s'appesantir sur les principes de toutes les doctrines et de tous les systèmes, on croit qu'il s'identifie avec une doctrine dont il vient d'exposer les principes et les faits, mais on le retrouve indépendant, ayant échappé, par la rectitude de son esprit, à la séduction dogmatique, et restant empirique et éclectique. En ce temps-là où le respect à l'autorité avait tant de puissance, où la parole du maître faisait loi, où la médecine était soumise à la théologie *ancilla theologiæ*, ce n'était pas chose commune d'avoir l'indépendance des idées et de soumettre les doctrines scientifiques à l'examen et à l'observation. Or de même que quand Gaudefroy, voulant vérifier les assertions des cabalistes et des astrologues, avait reconnu que les effets et phénomènes produits par eux devaient leur cause à l'imagination ou à la nature médicatrice, de même en se livrant à l'examen des divers systèmes de médecine, il reconnut à chacun des succès et des revers, et se retrancha dans ce qu'il appelle la médecine rationnelle.

Tout en faisant une large part dans sa pathologie aux altérations organiques comme causes des maladies, il en fait une plus large aux altérations du sang et des humeurs. Ces liquides longuement étudiés, jouent le principal rôle dans les affections, et c'est contre leur dépuration que portent les efforts de sa thérapeutique. Cette manière d'envisager la médecine donne à la pathologie de Gaudefroy une incohérence qui est loin de satisfaire l'esprit, aujourd'hui surtout que la science a constitué des groupes pathologiques bien naturels et parfaitement justifiés.

Ainsi les maladies sont classées par régions, et dans les maladies de la tête on voit : Céphalée, céphalalgie, hydrocéphale, phrénitis, convulsions, epilepsie, apoplexie, aphonie, noctambulisme, catalepsie, léthargie, manie, folie, lycanthropie... Chaque maladie est longuement étudiée, accompagnée d'observations parfois intéressantes et souvent d'autopsies avec figures.

Dans les maladies du thorax, on remarque l'opération de l'empyème avec injections vineuses, et celle de l'hydrothorax, mais il n'accepte pas cette dernière.

Les maladies des voies digestives présentent quelques particularités curieuses. Telle la judicieuse critique des saignées réitérées, méthode alors aussi en vogue que deux siècles après, lorsqu'elle fut réhabilitée par Broussais, et pourtant notre médecin orléanais faisait un assez large emploi des sangsues et des saignées. Il blâme fort un médecin qui, pour guérir un rétrécissement de l'œsophage, avait saigné le malade au bras, à la langue et à la saphène, ce qui, dit-il, est bien pour quelque chose dans la mort du malade.

Son traitement de la dyssenterie consistait à purger d'abord avec la décoction de rhubarbe, puis à donner à de courts intervalles une cuillerée de sucre dissous dans de l'eau de rose, et des lavements avec le laudanum.

Quand il parle des maladies des reins, de la vessie, des calculs et de la pierre, il expose un singulier moyen pour extraire les calculs. Malgaigne, dans sa médecine opératoire, a dit un mot du procédé égyptien pour l'extraction des calculs de l'urètre, mais ici il s'agit de leur extraction de la vessie même : « *Ægyptii sine incisione calculum extrahunt. Ligneam canulam Haly accipiebat, longitudine octo digitorum et latitudine digiti pollicis, quam collis canali admovebat, fortiterque insuflabat; atque ne flatus ad interiora perveniret, alterâ manu extremum pudendi perstringebat; foramem deindè canulæ claudebat ut virgæ canalis intumescet et latior fieret ac apparet. Quo facto, minister digito in ano posito, lapidem paulatim ad canalem virgæ atque in ejus extremum adducebat. Qui ubi præputio lapidem sentie-*

*bat, canulam a virgœ canali fortiter atque impetu amovebat, ut magnâ dexteritate lapis ad nuclœi olivœ magnitudinem fuerit extractus. Ego interfui huic duci Turcarum (Horam Bey vocato), et postea duobus judœis quorum alter puer erat cui octo lapides extraxit, et alter adultus cui lapidem extraxit ad olivœ magnitudinem.* » Voilà un procédé bien primitif et d'une exécution douteuse, mieux valent assurément les instruments si délicats et si précis de la chirurgie moderne !

Après les maladies des organes viennent celles des liquides. Dans cette classe, Gaudefroy range fort arbitrairement et par suite d'une ignorance complète de la nature de l'affection, l'ascite, l'anosarque, certaines cachexies.

Viennent ensuite les fièvres continues avec leurs formes multiples, puis les fièvres intermittentes pour le traitement desquelles le quinquina, alors si nouvellement connu, est très-méthodiquement conseillé.

Les maladies des femmes occupent assez de place, mais elles sont mal connues, mal jugées, mal traitées. Pourtant Gaudefroy loue son traitement de la fièvre puerpérale, qu'il fait consister en ventouses aux cuisses, sangsues à l'anus, saignées aux pieds, purgatifs et confection d'hyacinthe.

Dans les règles immodérées et dans les hémorrhagies intérieures, il emploie beaucoup les ventouses sur les seins.

Dans les maladies de l'utérus, à côté de moyens très-rationnels, on en trouve de ridicules, tel celui-ci qu'il a emprunté aux Arabes : « Dans la chute de la matrice, la peur aide beaucoup à la faire rentrer, aussi on approche des pieds de la femme des grenouilles, des lézards, des serpents. Elle retire ses jambes, contracte tous ses membres et, par suite, l'utérus rentre à sa place. »

Contre les scrofules, alors si fréquentes et si graves, il

vante beaucoup la poudre de Van Helmont, c'était : éponge calcinée, os, coquilles d'huîtres, charbon, pyrèthe et poivre. On trouve en effet, dans cette composition empirique, les éléments de l'iode et de la potasse que la chimie devait plus tard trouver et combiner.

La peste, la lèpre, aujourd'hui inconnues de nous, sont longuement traitées ; il en est de même de la variole.

Puis, Gaudefroy consacre un chapitre à ce qu'il appelle les questions curieuses.

Voici ce qu'il dit de la transfusion du sang, opération fort discutée mais dont l'utilité ne peut plus être rejetée, aujourd'hui que plusieurs succès ont été obtenus par l'injection du sang humain faite avec des instruments de précision. « La Société royale d'Angleterre a tenté de guérir des malades, en 1661, en transfusant du sang d'un mouton dans la veine médiane d'un malade par le moyen d'un tube. Le docteur Lower est le premier qui ait fait cette opération à Oxone, en Angleterre (1) ; il a eu quelques succès, mais il a eu aussi quelques revers ; peut-être à cause des obstructions déterminées par le retour du sang dans la tête. (Voilà bien les embolies d'aujourd'hui.) — Maintenant cette méthode est abandonnée. Si on veut connaître les détails, on lira le *Journal des Savants* du 21 février 1667. »

Gaudefroy se montre plus partisan de l'infusion de médicaments dans les veines, méthode de traitement oubliée depuis deux siècles et reprise depuis peu d'années. « Dans les éphémérides du *Journal des Savants* du 23 janvier 1668, Fabricius, médecin de l'hôpital de Dantzig, expérimenta l'infusion de médicaments dans les veines, deux femmes épileptiques et un soldat affecté de vérole an-

---

(1) Cette priorité est contestée et revendiquée par les Français dans le *Journal des Savants*, 1667-1668.

cienne. Aucun ne mourut, et le soldat fut guéri de sa maladie. Nous infusâmes, dit Fabricius, avec un siphon, environ deux drachmes de liqueur purgative dans la médiane du bras droit. Le soldat infecté de la vérole avait les os des bras tout couverts de ces nœuds qu'on appelle exostoses. Après l'injection, douleur dans le coude, enflure du bras. Au bout de quatre heures cinq selles; de même les jours suivants. Les exostoses disparaissent peu à peu, et bientôt il n'en resta plus de traces. »

L'importance de ce passage n'échappera à personne, quoique l'observation soit tout-à-fait incomplète. Quelle est cette liqueur purgative? ce *medicamentum purgans*, comme dit Gaudefroy, quel est-il? Etait-ce le calomel, alors vanté comme une panacée? Quoi qu'il en soit de ce point de détail, je ne puis m'empêcher de trouver dans cette expérience qui guérit la syphilis par l'injection dans les veines de médicaments, l'idée-mère des injections souscutanées de calomel qui ont été faites en 1869 pour traiter la même maladie. C'est un médecin italien qui fit alors connaître cette méthode dont la presse médicale s'occupa beaucoup; et les injections hypodermiques de proto ou de bi-chlorure de mercure furent vantées par certains médecins comme plus efficaces que l'ingestion stomacale des mêmes agents. *Sic vetera nova!*

A propos de la castration usitée chez les Orientaux, Gaudefroy rapporte un singulier moyen qu'ils emploient pour obtenir l'insensibilité. *Frequentissima est in Oriente hominum castratio, et sœpè apud Turcas non modo testis sed et scrotum et colis ipse totus præciditur. Mirum est quomodo ex tàm atroci vulnere multi non pereant, sed id fit quia multo opio profundissimum somnum castrandis afferunt... In Assyriâ castrandos in balneâ dimittunt, ac supinis venas quæ circa guttur sunt, et apoplecticæ vocantur, apprehendunt, alligantque, et sic illos omni sensu privant et motu, tùm castrant.* Puis il ajoute : *Hinc patet utilitas sectionis venarum jugularium in apoplexia.*

Quoiqu'au XVII⁰ siècle la chirurgie fût complétement distincte des études du médecin, on trouve dans le manuscrit de Gaudefroy des recherches assez étendues, quoique bien incomplètes, sur les phlegmons, les tumeurs, les ulcères, les hernies, les fractures, les luxations. Plusieurs observations montrent qu'il avait employé les moyens et procédés qu'il expose. Ainsi dans les luxations de l'épaule, il vante le procédé d'Hippocrate qu'il modifiait de cette manière : « L'aisselle du bras luxé étant placée sur l'épaule d'un homme plus grand, on tire le bras qui se remet facilement à sa place. »

Il est de fait que dans les luxations toutes récentes, ce procédé et celui qui consiste à se placer devant le blessé, à prendre son bras par le poignet pour l'étendre doucement et l'élever lentement aussi haut que le peut l'opérateur, sont d'une promptitude et d'une douceur qu'on ne peut s'imaginer quand on n'a pas employé ces procédés qui n'ont contre eux que d'être trop simples, et par cela même restent étrangers aux cliniques. Si je ne craignais de déplacer l'intérêt de la biographie que j'esquisse, je consignerais ici plusieurs cas de luxation de l'épaule où le second des procédés dont je viens de parler m'a procuré d'étonnants succès ; mais il suffit de rappeler l'avantage des *procédés doux*, suivant moi trop négligés. (V. Séance du 11 mars 1863, Société de chirurgie, *Gazette des Hôpitaux*.)

Je ne m'étendrai pas davantage sur les écrits de Louis Gaudefroy ; l'analyse que j'en ai faite a dû montrer que cette individualité était bien digne de figurer parmi les médecins orléanais du XVII⁰ siècle dont les biographies ont enregistré les noms.

Sans doute il n'y a rien dans ces écrits qui caractérise le novateur, mais on y lit d'intéressants détails sur la médecine des Arabes et sur celle du moyen-âge; et l'histoire de la médecine peut puiser là d'utiles renseignements, en même temps que la preuve aussi consolante qu'encourageante des progrès accomplis depuis deux siècles dans la médecine, tant au point de vue scientifique que pratique. Je suis donc loin d'approuver le jugement qu'un des auteurs du manuscrit sur les auteurs orléanais, cité plus haut, a formulé en ces termes à côté du nom de Louis Gaudefroy : « J'ai appris de M. Salerne (médecin à Orléans, en 1760, correspondant de l'Académie des Sciences), que les manuscrits de Louis Gaudefroy étaient peu de chose, et qu'on n'y trouvait que ce qui se trouve dans les livres imprimés. » Singulière appréciation ! car, en médecine surtout, il est souvent plus utile de consigner des observations et de reproduire les interprétations traditionnelles que de créer des théories et d'inventer des médications qui ne résistent pas à l'expérimentation.

# RAPPORT

## DU DOCTEUR ARQUÉ

AU SUJET DE

## L'ÉTUDE SUR LOUIS GAUDEFROY,

Médecin à Orléans, de 1657 à 1725,

Par M. le D<sup>r</sup> CHARPIGNON.

---

Messieurs,

S'il faut naître poète, il faut aussi naître archéologue. C'est la pensée qui me venait à l'esprit en me rappelant les nombreuses trouvailles archéologiques de notre confrère le D<sup>r</sup> Charpignon. Il baisse les yeux et il rencontre cette inscription de *Genabum* qui, livrée aux méditations de nos savants, a donné à Orléans un titre important de son antique noblesse. Il les relève et retrouve égaré sur son secrétaire le marbre tumulaire de l'abbé Gendron, prêtre et médecin, que sa célébrité comme guérisseur de cancer avait fait appeler jusqu'à la cour d'Anne d'Autriche. Il descend, et, mineur intrépide, il fouille dans les ténèbres même de sa cave ces puits celtiques perpendiculaires que nos aïeux affectaient à leurs nécropoles. Il monte un vieil escalier de notre vieil Orléans, *nescio quid nugarum agitans*, en suivant quelques rêveries savantes ; un rayon de soleil fait scintiller la vitre, et ces vers, gravés par un exilé de 1670, empruntés à un exilé du premier siècle, — consolation des exilés de tous les temps, — viennent frapper ses regards et son cœur :

*Omne solum forti patria est, ut piscibus œquor,*
*Ut volucri vacuo quidquid in orbe patet.*

Que sais-je encore? Ces fenêtres ensevelies par un sol qui s'élève sans cesse ; ce monolithe incongru de la rue de l'Écrevisse, qui, suivant moi, n'emprunte rien à l'art auquel présidait Lucine, mais regarde les passants d'une façon heureusement insolite ; puis, l'explication appliquée et l'exécution d'un coffret avec ces charnières antiques, en os, prises si longtemps pour des instruments de musique et que M. Beulé, grâce à un moulage savant, venait de rendre au domaine de la mécanique ; et plus récemment ces recherches sur le Collége de Médecine et celles sur les origines de notre Société, etc. C'est tout une affaire de le suivre, même en simple rapporteur.

*Qu'il cesse de trouver ou je cesse d'écrire.*

Il en est, il est vrai, de ces bonnes fortunes scientifiques, comme des rencontres heureuses des chasseurs ou des pêcheurs : le gibier passe toujours devant les mêmes, le poisson mord toujours aux mêmes hameçons. En archéologie, en effet, comme en toute autre chose, il ne suffit pas de voir, il faut regarder, et il faut savoir regarder ; oui, il faut la science attentive, patiente, minutieuse, persévérante, et puis ce *nescio quid divinum*, ce feu sacré qui donne l'inspiration, ce que notre langue, qui aime à emprunter ses images aux organes des sens, appelle le *flair* pour l'amateur ou l'antiquaire, le *coup-d'œil* pour le médecin, l'*oreille* pour le mélomane, le *jet* pour le compositeur, le poète ou l'artiste.

Eh bien ! cette fois encore, notre collègue, M. le D$^r$ Charpignon a été heureusement inspiré: il a flairé une nouvelle trouvaille d'archéologie médicale.

Un homme, un médecin, qui a fait des recherches immenses dans toutes les sciences, qui a recueilli de nombreux documents dans toutes les langues, qui a emprunté à la flore et à la faune de tous les pays des sujets pour sa plume ou ses pinceaux; qui a été tour-à-tour médecin, astronome, physicien, géographe, chimiste, nécromancien, peintre, dessinateur, mathématicien, littérateur, philosophe, poëte, tour-à-tour, auteur, compilateur ou traducteur, toujours savant minutieux et exact; cet homme, qui est né dans nos murs, qui appartenait à une famille orléanaise répandue, qui est devenu lui-même père de famille, qui a exercé la médecine soixante-huit ans et en a vécu quatre-vingt-treize, cet homme est resté complétement inconnu. A ce point, qu'un auteur presque contemporain, Beauvais de Préau, ne le mentionne même pas parmi les médecins orléanais de cette époque ; et il serait resté inconnu sans le legs pieux fait par ses enfants, des énormes manuscrits de leur père, à la bibliothèque des Bénédictins, sans la pieuse sollicitude surtout de M. Charpignon, qui, « ne voulant pas « qu'un médecin de 1874 fût moins patient qu'un de ses « confrères de 1657, lut courageusement les œuvres de « Louis Gaudefroy, presque toutes écrites en latin. »

Oui, il fallait du courage, car la tâche était longue, et bien qu'elle fût facilitée par une écriture toujours correcte, souvent très-soignée, parfois même imitant les caractères d'imprimerie ; facilitée encore par des index remarquables et des tables polyglottes très-savantes, il n'en restait pas moins à se plonger dans d'énormes in-folio de plus de mille pages, à étudier dans une langue, qui ne nous est plus aussi familière qu'à nos devanciers, des ouvrages scientifiques variés, une médecine qui n'est plus la nôtre, des formules compliquées, où l'on doit chercher ce qui peut se rencontrer d'utile dans un fatras de substances indifférentes ou inertes. Il fallait dégager de l'alliage, l'or enfoui dans cette pharmacopée qui rappelle le fumier d'Ennius.

C'est ce que notre confrère, avec une patience et un soin d'archéologue, a fait dans vingt pages d'une analyse savante. Je me garderai de les reproduire, même sommairement ; vous les avez entendues, et vous voudrez les relire ; et puis, ne risquerais-je pas de les déflorer en les touchant ; on ne passe point la pince et le scalpel sur les fleurs qu'on désire conserver.

J'essaierai seulement, en me plaçant au temps où vivait Louis Gaudefroy, de faire ressortir combien il lui a fallu d'études, de recherches, de travail pour préparer, classer, dessiner, décrire seulement les immenses matériaux que renferme son œuvre, puis les comparer, les condenser, les disposer et conclure.

On est étonné des efforts, de la tenacité, du courage que devaient déployer ceux qui voulaient embrasser la médecine à cette époque ou dans les siècles précédents. Toutes les sciences naturelles n'étaient qu'au berceau : l'anatomie venait de naître ; la physique apparaissait ; la chimie était encore à créer ; la méthode expérimentale ne devait pas avant de longues années être appliquée en médecine. Tous les éléments des sciences se trouvaient épars dans des ouvrages particuliers ; l'enseignement public était incomplet et insuffisant ; il existait à peine des journaux scientifiques (1). Chacun travaillait pour soi, enveloppait ses découvertes dans les nuages des formules, conservait précieusement de secrètes recettes, transmises avec parcimonie de père en fils, de neveux en

---

(1) C'était récemment que notre confrère Théophraste Renaudot, au grand scandale de la Faculté, avait créé la première Gazette, nouvelles à la main, écrites seulement par quelques copistes, puis imprimées quand elles devinrent en vogue.

neveux ; c'étaient les ruisselets qui devaient, plus tard, devenir les grands cours d'eau de la science ; mais la diffusion n'existait pas encore.

Aujourd'hui que la science coule à pleins bords dans les mille canaux des leçons publiques, des cours particuliers des Facultés et des Écoles, des revues, des journaux scientifiques et littéraires, des publications médicales hebdomadaires, des Mémoires et Bulletins des sociétés savantes, des Dictionnaires, des Compendium, des Encyclopédies, nous avons peine à nous figurer les difficultés de l'étudiant d'alors.

Il y avait, sans doute, les Facultés et les Écoles, les Collèges de médecine et de chirurgie et, au-dessus de tout, la Faculté de Paris qui entendait bien commander à toutes, à celles même du monde entier, en dépit de leurs résistances ; ainsi que l'affirmait sa devise prétentieuse : *Urbi et orbi salus*.

Mais que d'obstacles pour s'y présenter, pour s'y maintenir, pour s'y faire agréger enfin : — certificat d'études philosophiques supposant quatre années de travail dans une Université ; — épreuves du baccalauréat qui feraient frémir les plus hardis de nos modernes candidats ; — épreuves plus sérieuses, plus répétées et plus longues de la licence; — enfin celles du doctorat. Quand le candidat lui-même avait été examiné, retourné sur toutes faces, sa famille, sa parenté étaient passées à l'étamine, et la Faculté qui allait contracter alliance avec le récipiendaire, était une grande dame fort méticuleuse à cet égard ; témoins les fils de ce pauvre Renaudot dont nous avons parlé, pour l'admission desquels, malgré leur science, il ne fallut rien moins que la puissante intervention de Richelieu lui-même. Et que de frais pour les études ! Aujourd'hui, 1,200 fr. suffisent ; autrefois on en était à peine quitte avec 6,000 fr. Deux mille écus ! joli denier pour l'époque. C'est bien de la Faculté qu'on pouvait dire : *Non licet omnibus adire Corinthum.* Aussi le nombre des docteurs était-il fort restreint. Il en avait été agrégé par la Faculté de Paris en 1395 : 31 ; en 1500 : 71 ; en 1626 : 85 ; en 1675 : 105, et aujourd'hui, on en reçoit par an : 2,000. Il est vrai, qu'il y avait alors dix-huit Facultés de province et que maintenant, il n'en existe que deux. Si ces dernières étaient moins difficiles au point de vue de la science et de l'honorabilité, ainsi que le prétendait celle de Paris, elles ne l'étaient pas moins au point de vue de l'argent. Le dédaigneux arrêt par lequel l'*Alma parens* frappait de nullité un acte de la Faculté de Pont-à-Mousson en est la preuve.

Pour arriver à subir les terribles examens que nous venons de dire, dans quel dédale doctrinaire devait se plonger le malheureux étudiant. Je ne m'y aventure pas de peur de ne plus trouver le fil d'Ariane qui le guidait dans le labyrinthe.

Peu ou point d'enseignement pratique ; ce n'était guère qu'en suivant les médecins dans leur clientèle de la ville que les élèves pouvaient étudier la clinique. On trouvait à peine l'occasion de faire quelques rares dissections sur des cadavres de suppliciés seulement. Aussi le cas échéant, invitait-on tous les membres de la Faculté, maîtres et élèves, et jusqu'aux antagonistes même, les chirurgiens, à *faire une anatomie.*

Des obstacles de toutes sortes se dressaient donc devant le jeune médecin et cependant, trempé comme il l'était alors par de fortes études littéraires, par de sérieuses études philosophiques, véritable gymnastique de l'esprit, rompu aux luttes de la discussion et de l'argumentation, il pouvait s'appliquer avec plus de chances de succès aux graves travaux de la science médicale.

D'autre part, les habitudes sédentaires, le calme de la

vie, favorisaient l'étude. Les voyages éloignés faisaient exception. Les relations au dehors des villes étaient peu nombreuses, les communications difficiles, les transports pénibles et lents. On s'aventurait rarement au-delà de l'enceinte fortifiée et fermée. Bien des gens quittaient à peine leur quartier, leur rue, leur maison qui, grillée, barricadée, blindée, ne donnait entrée ni aux bruits, ni aux distractions du dehors. En voyant, dans ces maisons antiques, ces grands murs percés sur la rue de jours étroits, qui laissaient pénétrer dans la grande salle de la famille ou le cabinet du savant, juste assez d'une lumière jalouse pour que le métier à ouvrage ou la table de travail fussent seuls éclairés, on comprend qu'il était facile de se recueillir, de méditer, d'être à soi.

Aujourd'hui, au contraire, à part quelques heureuses exceptions, des natures privilégiées, qui peut être recueilli ? Aujourd'hui, tout est ouvert à tout venant, villes et maisons ; nous vivons constamment au dehors et en dehors de nous-mêmes ; affaires, correspondance, relations de famille, devoirs sociaux, occupations et préoccupations politiques, exigences du monde, visites, réceptions, plaisirs forcés, villégiature, voyages, tout nous absorbe. Voyez le médecin praticien : après les hôpitaux, la clientèle, après les visites, les consultations, les rendez-vous médicaux, les réunions d'Académie ou de comité, jour et nuit sur la brêche ; où trouver un moment pour soi, pour vivre seulement, où surtout pour étudier, pour écrire ? Notre temps est à tout le monde avant d'être à nous. Un mot peut, ce me semble, caractériser les deux époques. Nous avons plus que nos devanciers les éléments, les facilités du travail ; ils avaient plus que nous, par leurs études et leurs mœurs, la facilité de travailler.

Aussi je conçois le plaisir d'antiquaire qu'éprouve M. Charpignon à se reposer dans le passé, à se représenter

le vieux médecin du temps de Louis XIV, « couvert de
« son bonnet, enveloppé dans sa houppelande, penché sur
« ses cahiers, entouré de ses auteurs chéris et vénérés,
« ayant près de lui un cerveau, un cœur, un foie, un œil
« qu'il dissèque et qu'il dessine, lisant, méditant, écrivant
« à ces heures silencieuses où les archers du guet ayant
« barré les rues avec les chaînes, tout mouvement a cessé
« dans la ville. » Je comprends surtout que de son cœur
plus encore que de ses lèvres, s'échappe cette exclamation : « Noble et pieuse occupation, que celle de l'homme
« qui cherche » comme le dit Gaudefroy lui-même « à
« arracher le voile d'Isis pour faire servir au bien de tous,
« les choses qu'il aura pu découvrir ! »

Inutile d'insister, Messieurs, vous connaissez les difficultés et les obstacles que le littérateur et le savant rencontrent de nos jours. Vous savez mieux que moi, ce qu'il faut de travail et de recherches pour écrire une page sérieuse, ce qu'il faut de sueurs pour féconder et faire fructifier une pensée. Il ne peut donc être de meilleurs juges que vous, du mérite de l'œuvre de Gaudefroy. Nous avons été étonnés de la variété, de l'immensité des connaissances que devait posséder notre vieil et ignoré confrère orléanais. A côté de questions aujourd'hui oiseuses et qu'il avait la hardiesse de mettre déjà en doute, nous avons rencontré des études, alors palpitantes de nouveauté, qu'il discute et pèse avec autorité et dont nous bénéficions maintenant, d'autres, passées inaperçues, que nos modernes savants ne craignent pas de rajeunir à leur profit. Je ne citerai que pour mémoire : — son procédé de réduction de la luxation de l'épaule, si simple et si facile, — la transfusion du sang, que l'on préconisait alors, et que nous reprenons avec succès, — l'injection des médicaments dans les veines, pour créer une voie plus rapide et plus sûre, et que nous nous imaginions avoir inventée. *Sic vetera nova !* nous disait le Dʳ Charpignon, en nous donnant une analyse si complète de l'œuvre de Gaudefroy que ce serait risquer des redites, d'essayer de glaner après lui.

En terminant la lecture de la notice sur Louis Gaudefroy et l'examen de ses écrits, je me demandais comment un médecin aussi savant était resté inconnu, même de ses contemporains. Voulut-il cultiver la science pour elle-même et pour lui-même, en dilettante ? La publication de ses in-folio, écrits et dessinés avec tant de soin, fut-elle empêchée par sa modestie ? Sa timidité exagérée l'éloigna-t-elle du professorat ou de la clientèle ? Nous ne savons. Mais ses travaux restent pour prouver une fois de plus que ceux qui font le moins de bruit, font souvent le plus de besogne.

Nous avons donc, Messieurs, à remercier notre collègue, d'avoir tiré de l'oubli et de nous avoir fait connaître en Louis Gaudefroy, un travailleur aussi consciencieux et un savant aussi modeste. N'eût-il, comme on l'a dit, que résumé l'état de la science à son époque, dans un immense compendium, — et l'on peut trouver beaucoup plus et mieux dans son œuvre, — il mériterait encore une place d'honneur parmi ses concitoyens.

C'est, Messieurs, ce que vous ferez, j'espère, en insérant dans vos annales le résumé de ses ouvrages que nous a donné M. Charpignon. Je serais heureux, pour mon compte, d'avoir été l'un des parrains de notre vieux confrère, pour lui rendre son titre de savant et de lettré, devant ses pairs, et, devant les Orléanais, son droit de cité.

www.ingramcontent.com/pod-product-compliance
Lightning Source LLC
Chambersburg PA
CBHW061007050426
42453CB00009B/1308